Du même auteur :

1) LA GRANDE PALABRE. Editions EDILIVRE APARIS, Juin 2010. N° ISBN : 978-2-8121-3471-5 (Théâtre) 56 pages.

2) ENCRE NOIRE ET PLUME BLANCHE. Editions EDILIVRE APARIS, Juin 2010. N° ISBN : 978-2-8121-3547-7 (Poésie) 106 pages

3) Mon cœur et mes amours oniriques. Editions EDILIVRE APARIS, Août 2010. N° ISBN : 978-2-8121-3721-1 (Nouvelles) 68 pages.

4) TAM- TAM ET CHANT POETIQUE. Editions EDILIVRE APARIS, Août 2010. N° ISBN : 978-2-8121-4100-3 (Poésie) 66 pages.

5) RIMES D'ENFANT. Editions BoD, Août 2010. N° ISBN : 978-2-8106-1960-3 (Poésie) 28 pages.

6) HYBRIDE ROMANCE et La complainte de la vierge souillée. Editions BoD, Août 2010. N° ISBN: 978-2-8106-1988-7 (Théâtre) 24 pages

7) EXALTATIONS ET LAMENTATIONS. Editions BoD, Septembre 2010. N° ISBN : 978-2-8106-1904-7 (Poésie) 52 pages.

8) A FLEUR DE TEMPS. Editions Baudelaire, Septembre 2010. N° ISBN : 978-2-35508-600-7 (Poésie) 74 pages.

9) UNE ETOILE DE PLUS « Serge Abess ». Editions BoD, Juillet 2011. N° ISBN : 978-2-8106-1991-7 (Biographie) 106 pages.

10) BLESSURE ET BRISURE DE VIE. Editions BoD, Juillet 2011. N° ISBN : 978-2-8106-1359-5 (Poésie) 72 pages.

11) ECLATS LYRIQUES. Editions BoD, Juillet 2011. N° ISBN : 978-2-8106-2150-7 (Poésie) 180 pages.

12) LETTRES PARNASSIENNES. Co auteur Rodrigue Makaya Makaya, Editions BoD, Janvier 2012. N° ISBN : 978-2-8106-2214-6 (Poésie) 72 pages.

13) LA LAGUNE PERDUE. Editions BoD, Février 2012. N° ISBN : 978-2-8106-2454-6 (Poésie) 56 pages.

14) LA BRUNE DES GENIES. Editions BoD, Mars 2012. N° ISBN : 978-2-8106-2476-8 (Roman) 88 pages.

15) EFFLUVE DE LYS ET MELANCOLIE. Co auteur Melissa KOMBILA, Editions BoD, Juin 2012. N° ISBN: 978-2-8106-2422-5 (Poésie) 64 pages.

16) <u>FLEURS DES IDYLLES FANEES</u>.
Editions BoD, Août 2012. N° ISBN : 978- 2-8106-2546-8 (Poèmes épistolaires) 112pages.

17) <u>ADIEU MONDE</u>.
Editions BoD, Novembre 2012. N° ISBN : 978-2-8106- 2612-0 (Poésie) 80 Pages.

L'ODE A L'AUBE

© 2013, Kombila
Edition : BoD – Books on Demand, 12/14 rond-point des Champs Elysées, 75008 Paris
Imprimé par BoD - Books on Demand GmbH, Norderstedt, Allemagne
ISBN : 9782322031139
Dépôt légal : juin 2013

Jannys KOMBILA

L'ODE A L'AUBE

Il y a la poésie des éternels, aussi pure que la lyre des éthers, celle des pas sur lesquels fièrement nous cheminons vers les prieurés nimbés de beauté et d'illumination.

A NDOUNA DEPENAUD, Georges RAWIRI, MAGANGUE MBUDJI WISSI (Edgar MOUNDJEGOU)…

Lettre à un poète
Paris Glacière, le 20 mai 2013

Cher Poète, cher ami,
Vous m'avez adressé, récemment, le manuscrit de votre dernier recueil de poèmes intitulé *L'Ode à l'aube*. J'en suis honoré.
La lecture de ce recueil, qui m'a infiniment ravi, confirme hautement la permanence heureuse des traditions littéraires de la poésie au Gabon, depuis Ndouna Depenaud et surtout Pierre Edgar Moundjegou Magangue. Car le premier chantait l'inexorable avènement de la liberté tutoyant courageusement les serres effroyables de la tyrannie et la permanence de la mort. Il annonçait déjà, tel un mage conspuant les terrorismes de l'autocratie, le prophétisme rigoureux d'un jour nouveau. De ce point de vue, il demeure excellemment l'aède de l'aube à naitre, le chantre du jour confisqué, le pourfendeur des temporalités bâclées dans cet espace minéral qui compose le risque des équatorialités.
Le second rhapsode, que vous élevez en exergue de votre recueil, en vérité illustre prince de nos poètes dissidents, Pierre Edgard Moundjegou Magangue, a osé quant à lui, alors que l'Afrique entière sombrait majoritairement dans la tourbe indescriptible des hontes générales, proclamer la crépuscularité libératoire, la fin immédiate des silences imposés, à l'heure où la peur était la contingence dramatique entre toutes la mieux partagée sur l'ensemble du continent. Sa fulgurante ironie grondait à l'entour contre les

saigneurs/seigneurs et autres dieux de ce monde quand ses délicates mains d'encre rouge frappaient ostensiblement le tam-tam des dramaturgies indicibles et des langues tragiques de délivrance. Vos métaphores à vous, cher ami, poursuivent furieusement cette tradition qui fait cracher au mot le solde de ses résistances pour renouveler des symboles risquées, pour infuser du sang neuf aux images définitives et flamboyantes qui annoncent aux hommes des temps brisés la possibilité d'une terre, dans cette société minérale où dites-vous d'une belle formule, "le pays s'en va aux opacités". Car partout bêlent désormais, la sauvagerie et la figure monstrueuse de l'imposture. La poésie gabonaise, en permanence en situation de post-colonie, ne pouvait aucunement détourner son chant des contextualisations liberticides qui jusques au cœur de l'aujourd'hui blessé, amputé, estropié, empêche sauvagement le jour de poindre et de se lever au cœur mordu des géographies enténébrées. Vous conférez donc, cher poète, à l'écriture du poème, les germinations autonomes de la dissidence, de la responsabilité, la conscience d'être. En quoi celle de l'écrivain ne doit plus infantiliser la langue en triturant faiblement les syllabes de la démission, les voyelles de la capitulation ou les consonnes de la compromission. Il n'est plus présentement question d'admirer la face lisse des communications inutiles et brinquebalantes, en ces temporalités usurpées par l'enflure mais bien d'avoir pour soi et pour le respect du lecteur et de nos lettres, conscience du Mot. C'est ce que pour ma part je pratique, depuis les *Equatoriales* jusqu'aux dernières *Elégies crépusculaires*. En cela, la translation de l'aube surgit majoritairement dans votre travail ainsi que dans le mien. Car comment accepter les caporalisations de l'écrire, comment tolérer encore la soviétisation du poème là où le courage des mots devrait, doit être absolument, impérativement libérateur? La passion de vos mots à vous est admirable, totale, voluptueuse, fortement harnachée, jusqu'à la pureté. Et cette *danse du langage* est aussi celle des métaphores musicales qui savent flatter l'oreille et conjuguer le raffinement des enjambements inattendus, l'anaphorisation des amours exigeants, qui chante toujours la quête infinie de l'être aimé. Vous le dites avec une infinité de mélodies inaugurales qui excellent à rythmer vos refrains comme un diallèle dans la nuit de cet exil qu'est la vie, entre cette joute mortifère des hommes contre les brasiers de la mort symbolique et cette amante qui se refuse toujours à l'aède éprouvé. La force de votre chant provient aussi de là, de là prioritairement. C'est en somme la passion de la révolte incendiaire, la quête de la liberté dans un univers impitoyablement lacéré, que vous savez admirablement psalmodier, le combat pour la vie et en faveur du peuple de la longue marche de la nuit cellulaire, enfermé qu'il est depuis longtemps dans l'incompréhension et les fulgurances tyranniques du non-sens. C'est ensuite et peut-être d'abord de poème en poème, les diverses stylisations euphoniques de l'amour que vous fredonnez, dans toutes ses résurgences. Ce qui tout de suite appâte le regard, c'est la variation métaphorique du terme merveilleusement choisi, une langue poétique qui va chercher le vocable magique qui transfigure le songe en richesse fleurie. Puis, la force musicale de l'image, les rejets calculés, les allitérations millimétrées, les assonances liftées bref, l'arsenal chantant qui surgit dès le titre choisi où l'exclamation prosodique apparait dès la réverbération du titre.

Les dissidences de la poésie sont nécessaires et urgentes au mitan de ce souffle chaud que nous offre votre recueil. C'est la force du chant, c'est le refrain de vie qui hoquette tel un héros blessé qui refuse de rendre les armes. La beauté de la formulation triture le vers, obligeant à se retourner au passage de l'image. Votre poésie est ici chorégraphie de la passion et de la lettre, coalescence et fusion d'âmes, "aquilon". Oui "il me tarde de partir /le monde pue/ le monde tue/ le monde/ le monde est nu/ et moi je ne vis plus". "Et moi, je traverse la nuit/ Je traverse l'ennui/ Je converse sans bruit/ Aux fantômes de minuit".

Cher poète, si j'avais un vœu à formuler ici et maintenant, je demanderais que l'harmonie des mots mélodieux vienne d'urgence à hâter la permanence "des aubes nouvelles".

Veuillez croire cher Poète, cher ami, à l'assurance de ma fraternelle admiration.

Dr Bellarmin Moutsinga.
Docteur ès lettres de l'université de Paris IV Sorbonne, poète et écrivain.

« Il n'y a pas de vaillance sans souffrance, il n'y a pas de délivrance sans résistance.

Aux hommes de joutes mourrons enfin pour les aubes nouvelles. »

Jannys KOMBILA

UNE AUBE DE LIBERTE.

A l'humanité s'éloigne la vertu
Du sang dans nos larmes jurées
Ici commence le voyage
Après les tumultes
Les bourrasques pourpres
Ici s'enterrent les supplices
Après les carnages
Les règnes noirs
Les cieux déchirés
 Aux cris aliénés
Des fanions de chair
Sur la terre outrée
Du sang dans nos voix prohibées
Le peuple s'est levé et est mort
La bouche muselée mais libérée
De ces annelets de pénitence
De ces gueuseries malséantes
De ces amoralités de pouvoir
Aux écussons de turpitude
Sur les poussières fumantes
Des années de luttes, de chutes
Visages mortifiés tonnant
Les heurts, les marches décimées
Les quérulences aux poings éclopés
L'espoir au bout du désespoir
Clamant toutes les vies mortes

A la patrie, l'amour donné
À l'oriflamme bafouée
Un nouvel hymne chanté
Et les aubes inusitées
S'éveillant en soleil de mémoire
Sur les sépulcres blancs
Des hommes valeureux
Des fils et filles probes
Saluant notre impunité
Le peuple s'est levé et est mort
Marchons enfin vers
Cette aube de liberté…

ENCORE UN NOUVEL AN SANS TOI...

Il y a des choses
Qui nous lient
En fil de souvenirs
Enfouies au fond
De notre mémoire
Déchirant le bonheur
Des jours présents
S'offrant à nos émois
Comme un soleil clérical
Au dessus de nos ambitions
Il y a des choses
Qui nous hantent
S'attachant à nos vies
S'accrochant à nos rires
Se cachant quand les peines
Dévorent notre faiblesse
Et le soir la douceur
Des pleurs de cœur
Refuser de croire à son
Désespoir sans lire
Toutes les cannelures
Sur nos mains en fumée

Il y a des choses
Qui nous libèrent
Brisant les chaînes
D'impunité contre
Les giroflées de chagrin
Quand l'amour est loin
Il n'y a plus de matins
Quand le bonheur s'éteint
Il ne reste qu'un chemin
Menant à notre destin...
Encore un nouvel an sans toi
Dans le ciel couronné d'astres
Brasille mon unique voeu
Besoin de te lire
Envie de te dire…
Besoin d'entendre tes mots
Sonnailler aussi forts
Que les beffrois de mes maux
Envie d'écrire sur ta peau
Nos plus belles romances
Besoin de toi pour combler
Le vide des silences

Envie de toi pour éteindre
Les nuits de songes d'errance
Besoin de ton intime chaleur
M'asseoir près de tes pâleurs
Envie d'écouter la poésie
Claironnée de ton cœur
Enjoué, fleuronné
Besoin de vivre, amour élu
Au chevet de ton corps
Oubliant mes remords
Amour de parfum enchantant
Désir aux confins captivant
Je m'éveille à l'ondée aurorale
Marchant vers toi le regard
En étoile de fascination
Besoin de toi
Envie de rien d'autre
Couchée sur moi
Éclosion d'émotion nôtre.

EXILE.

Mon nom est exilé
Matricule 160176
Homme de race, fiché
Je porte les cicatrices
Frêles des affligés
Je lutte pour la plèbe
Affamée opprimée
Mon arme est ma voix
Ma cause ma voie
Ma force ma foi
Mon nom est exilé
Né pour dépêtrer
Les absolutistes
Condamné à mourir
Pour la liberté
Je suis le coup de pilon
Sur les têtes des démocraties
De harnachements
Je conduis les rêves claustrés
Et les signes sous les soleils
Des nouvelles indépendances
Et la fin des règnes de sang
Des politiques crépusculaires

Mon exil, mon combat
Mon pays, mon blues
Ecartelé dilapidé
Et ces identités perdues
Et ces faces sans vertus
Me diras- tu demain
Après les violences aux miens
Pourquoi je suis émigré
Mais dis-toi que cette complainte
En note de révolte est l'hymne
D'un peuple qui jamais plus
Ne se laissera piétiner.

A COEUR PERDU...

C'est ici que scintillent
Les lumières du destin
Près de l'amour qui
Nous donne vie
Près des pensées éternelles
Qui nous chantent l'espérance
Sur les rivières enjôleuses
Où coule la source infinie et
Inaltérée des sentiments féaux
Dans le lointain, cette vision
En trouble de toi marchant
Dans les charmilles des opacités
Mes yeux noyés dans la poussière
Des souvenirs pondéreux
Cherchant sans larmes languies
Ton regard sans visage et
Cette autre silhouette de dos
M'invitant à embrasser
Mon atrabilaire douceur
Il n'y a que l'amour qui
Réunit tous les parfums de vie
Des effluves de quiétude
Aux arômes funestes des désunions

Des douceurs d'automnes
Aux baisers chauds d'hiver
Des tendresses de printemps
Aux éclats de bonheur d'été
Sur les plages de nos émotions
A jamais préservées
Ecoutant carillonner mon cœur grisé
Sur les reflets des blessures pansées
Il n'y a que l'amour qui ressuscite
Tous les fantasmes voilés
Une fulmination de liberté
Des caresses aux goûts
De péché de paradis
Une profonde envie sourde
Et brûlante vous soufflant
Le feu de l'interdit voyage orgasmique
Je pleure de plaisir sur tes lèvres
En pluie de ravissement
C'est ici que nous voulons vivre
Sur les glaises froides de nos désirs
Sur les bermes abandonnées
Où seules flânent les feuilles
Meurtries qui attendent
Les derniers zéphyrs d'amour

Aimer encore aimer et espérer
Pardonner sans avoir tout donné
Il manque à ma chair
Un bout de toi, de ta tendresse
Ce bout incomplet arraché
Cette moitié mienne absente
Se perdant dans les méandres
Noirs et incertains de la vie
Reviens- moi car sans toi
Le monde se vide de moi…

AUX LUMIERES DE VIE...

Aux lumières de vie
Se sont éloigné
Les bateaux noirs
Dans la pénombre triste
Et glissante sans brume
Comme ces alizés
Au parfum d'amertume
Attendant le chant lumineux
Des aurores boréales
Murmurant aux océans
Les secrets des amours meurtries
Se coucher près des rêves
Et entendre encore respirer
Ton amour dans mon cœur
Diable de sentiments !
Pourquoi viens-tu hanter
Mon âme désobstruée ?
Quand à la nuit luisent
D'autres étoiles qui
Au jour ne s'éteignent
Ici les chagrins
Ne prennent l'envol
Ils sont des hymnes
Pour les cœurs qui ne
Veulent plus aimer

Ici on ne pleure plus sur
Les gaves mélancoliques
Les douleurs d'amour
Sont des chemins à arpenter
Et l'espoir s'écrit à l'encre d'eau
Sur les vieux arbres enneigés
C'est à mes regrets que
Je chanterai notre amour
En partition de confession
Cet amour au sang sempiternel
Mort sur ces oblongs layons
Des destinées en errance de vie
Ma tristesse loin de tes yeux
Je la porte en enclume d'affliction
Ne me reviens jamais car
J'aurais peur de te dire
Pour l'ultime fois que
Sans toi, tout est noir de vie.

APOSTASIE

Effeuiller les baliveaux
A la brise automnale
S'éprendre encore une fois
Des fragrances cauteleuses
C'est après mon chagrin
Que mon cœur a flâné, plané
Au- dessus des phantasmes
Quêtant les onctuosités infinies
Des amours du passé qui
Ont traversé le temps, les vents
Des passades en estafilade
Des félonies en acrimonie
Des larmes en blâme
Dans mon âme clamant
Ma stèle et mélancolie en folie
Ô mienne exaltation !
Mon accort amour…
Se sont éteint mêmes
Les brunantes après ton départ
Me laissant sans aube espoir
Esseulé je vis, néantisé je crie
A la vie, ma désertion

Que me reviennent les éclats
De bruines dans mes éréthismes
Les rêves ont emprisonné
Nos confessions de chair
Coulent en douleur d'escarre
Mes dernières sialorrhées
Dans nos baisers à l'ivresse
Promesse, aujourd'hui écachée
Je t'ai tant aimé ma souveraine
Toi qui as su dépêtrer
Les rosaires de mes délices
Toi mon bel amour quintessencié
Voici s'en allé à jamais tristes
Nos cœurs naguère énamourés.
Le tien se fanant dans les prés
Des amourettes sans girouette
Le mien se cachant dans les coulisses
De la vie attendant à chaque
Crépuscule éternel que
Réapparaisse la lueur de ton amour.

ILS SONT PARTIS...

Ils sont partis...
Les hommes de l'histoire
Vers les cryptes du temps
Où meurt la vie
Ils ont marché
Sur les méandres noirs
Sans voyages certains
Sans stries sur les mains
Sifflant sur les piémonts
Aux visages filés
Des airs de déliquescence
Un chemin fermé sur
Des proches lendemains
Des paysages nous
Ressemblant en nature
Sur les lointaines rivières
Nous avons asséché
L'amour du prochain
Et les jours sans signe
De destin nous rappelant
Tous les soleils qui n'ont
Jamais voulu apparaître
Si nous étions nés êtres
Nous ne serions pas...
Ils sont partis...
Les hommes de l'espoir

Au fil du vent chantant
Fuyant les vivants
Sous les lueurs aurorales
Après les rêves tristes
Leur cénotaphe béant
Les âmes émigrées
Vers le levant, ils ont
Édifié leur diadème
Emportant les dernières
Joies en luth de foi
Luttant à poings nus
Contre le pouvoir
Les yeux pleins de sang
Et le vouloir des lois
Qui blâment notre essence
Et les couloirs du silence
Où se taisent nos cris
Ils sont partis…
Les hommes de l'histoire
Vers cette autre glèbe
Voilée et bariolée
D'où l'on ne revient
Que pour vivre mort.

ESTELLINE...

Ma belle étoile cristalline
A l'aurore frisquette
Scintille cette inclination de toi
Encore en roseau de sentiments
Ma douceur de sensation inaltérée
Mon cœur convolé happé
Dans les flammes émoussées
De ton charme aux confins de quiétude
S'oublie dans le temps qui saigne
Sur ces amours noires
Ombrant notre vision
Au coucher de lueurs envolées
Je voudrais inviter le sourire
Des églantines opalines
A renaître de leur parfum enchantant
Et vers les éclats d'émotions
Je déverserai les cendres encore humides
De mes larmes qui n'ont jamais pu sécher
Près de ces liaisons empressées, entachées
Entichées, préservées en cliché

Dans tes yeux je redécouvre
En rosée de roses
Les plaisirs de désir
Les prairies du midi
Les féeries des envies
La vie sans l'ennui.
Veux-tu m'aimer
Après les cyclones de trahisons
Qui ont ravagé tes espérances mortifiées
Veux-tu m'aimer
Après les blizzards de tourments
Qui ont déporté tes sentiments
En candeur de lascivité
Sur les rives mortes trahies

Veux-tu m'aimer
Bel astre chatoyant
A l'éclat noble de tes baisers
Sentir la caresse impassible
De ma peau en chaleur d'extase
Veux-tu m'aimer aux périls
De promesses des beaux jours
Quand dansent les hirondelles
Sur les airs des belles amourettes
Qui se recréent dans l'air doux
Des saisons au printemps de vie

Veux-tu m'aimer
Sans larmes, sans blâmes
Sans les clameurs des regrets
Des peurs de chagrin qui
Nous chantent dans l'âme
Comme la mélancolie des
Eternels souvenirs
Veux-tu m'aimer
Plus que l'amour
Me soufflant dans les pensées
Cette absence de ta présence
Que je cherche jour et nuit…

INTIME CONFESSION

Elle m'a dit…
J'ai peur de la vie
Des blessures sempiternelles
Des heures sans envies
Aux périls émotionnels
Et ces baisers brisés
A l'encens de miel
Cachant ma nausée
Aux regrets fidèles
Il y a des amours que
L'on ne peut oublier
Hantant nos vies
En spectres mordorés
Comme des péchés de douceur
Séduisant notre âme effarée.
Elle m'a dit…
Je me sens si seule
Comme ces arbres à l'automne
Dépeuplés et crucifiés
Suppliant les temps de ne point partir
En complainte de désarroi
Au soir de solitude
Au versant argenté.

Elle m'a dit...
Ce sont mes larmes
Qui ont effacé mes souvenirs
Quand les chagrins pansés
S'agrippent à chaque pensée
Aimer, errer, chercher
Sans espérer trouver
Sur les ruines de volcans
Des laves d'amour endormi.
Elle m'a dit...
Est-ce mon idéal amour ?
Dois-je toujours l'attendre ?
Attendre à tout m'éprendre
Attendre à ne rien comprendre
Attendre et juste m'entendre...
Où s'en vont mourir les sentiments
Quand l'amour a été félonie
Voilà que ruisselle dans mon cœur
Le sang des plaies entrouvertes
Des bluettes du passé.

Elle m'a dit...
A chaque couleur fanée
A chaque horizon voilé
A chaque étoile bistrée
A chaque aube chantée
Je sourirai aux goélands cendrés
Pour qu'ils me reviennent
Saison après pérégrination
Me rapportant des aubades
Des inconnues amours idoines.
Elle m'a dit...
C'est à la bruine que
Je confierai mes secrets
C'est à la nuit que
Je soufflerai mes vœux
Sous les lunes pleines
Contemplant les plaines engouées.

Elle m'a dit…
Pourquoi aimer
Si l'amour est insensé
Pourquoi rêver
Si le cœur est angoissé
Les larmes de joies et de peines
En quoi sont-elles apparentes ?
Elle m'a dit…
Je voudrais ressusciter
Mes espérances
Sans ces ombres
Noires d'errance
Connaître ces lumières
M'invitant à blairer
Ces parfums exotiques
M'exhortant à flairer
Les beaux semblants regards
Des coups de foudre absurdes.

Elle m'a dit…
C'est vers sa tendresse
Que je voudrais m'éteindre
Il y a trop de grises murailles
Dans mes yeux à l'azur ciel
Cherchant quelques soleils vermeils
Convolant mon destin
Ces mirages là-bas atones
Sont-ils plus réels
Que ma vie monotone ?
Vers ce papillon enjoué
Je m'envolerai ravie
En sentiments morts et roses
Sous la brouillasse morose
Comme ces amours qui reviennent
Et s'en vont en refrain de tambour.
Elle m'a dit…
J'ai peur de la vie
Et toi ?

JACQUERIE

Ame indocile
Marchant en tache
Sur les sépultures
Des existences
Cette vie sans rire
Cette misère en phlyctène
Cette espérance en ficelle
De procrastination
Cette enclume de lois
Piaffant sur notre liberté
Pauvres hommes !
Sinistres vivants !
Cheminant sur les fientes
De l'exécration
Se perdant dans
Les excavations des
Idéologies sociétales
Absurdes et plouf !
Voici noyé notre existence
Voici engloutis nos rêves
Sclérosés nos desseins
Et les flammes de combats
Illuminant nos prières

Mourir ici pour voir
Renaître là-bas
Un autre monde
Une autre ronde.
Où sont les soleils
Des premières croyances
Et les portes des
Naguères occultismes
Sous les vents d'effroi
Nous avançons
Sous les coups de
Lames de feu
Nous résistons
L'effort prisonnier
Des palissades sombres
Et notre réveil au bout
Des regards forcenés
Seule debout et incitée
La plèbe révoltée
Criant son identité à
La haine de la prépotence.

DU SANG DANS MES YEUX

Contempler les mêmes
Horizons dépeuplés
Des couchers de vie
Aux éclats de chélidoines
Des voiles de souvenirs
Accrochés au vent
Le temps nous égare
Et nous abandonne
Sur les pendules de voyages
D'escales d'harassement
Et tous ces mondes
Autres pleurant
Sur les océans incarnats
Et les chimères trouvées
Et tous ces rêves
Nôtre s'envolant
Vers les célestes lieux
Aux émotions de violon
Entend les complaintes
Des âmes séquestrées
Et les péans des opprimés
Il y a trop de lumière
Dans mes larmes de faix

J'ai peur du crépuscule
Des nuits aux étoiles noires
Des rivières assassines
Des déserts clairsemés
Des années oblongues
Peur de l'hostilité humaine
Des femmes aréiques
Des moutards soldats
Des sourires de la misère
Des guerres d'aujourd'hui
Qui ne finiront jamais.

AUX AMOURS D'OMBRE

Aux amours d'ombre
Perçant les mystères
Des idylles d'euphorie
En folie d'inclination
Prisonnières des alliances
Aux baisers sempiternels
Voilà que s'envolent
Les dernières émotions
Au- dessus des regrets
Des nuits de rêverie
Aux parfums de solitude
Où sont passées nos utopies
Ces curiosités de bonheur
Berçant nos cœurs épris
Chantant à nos vies
Toute la poésie chamarrée
Des charmes idylliques
A l'avenir nous avons
Prédit les couleurs de destin
Offrant à nos sourires naïfs
Ces larmes acrimonieuses
Des petites fêlures sirupeuses.

Aux amours d'ombre
Hantant mes pensées
Traversant les saisons
Parcourant mes lendemains
Aux éclats de remords
Je m'en vais musser
Mes souvenirs confessés
Sur les voiles de toiles
Et les soirs d'images diaprées
Claustrant mes jours de peine
Comme ces pluies aoûtiennes
Implorant à ma nostalgie
De fermer les yeux à jamais
Sur mes amours inamissibles.

MAUSSADERIE

Comprendre les silences
Des rancœurs fourbes
Quand se ternissent
Les rires complices
Un regard en froideur
De sentiment vous crachant
Sur l'estime alarmée
Amitié dévoyée accrochée
Aux flammèches des contrariétés
Restons- nous à jamais attachés
A nos instants émotionnés
Et les captations s'oubliant
Des flottilles de remords
Soufflant sur les torts
Sur les corps s'aimant
Se taire avec les silences
Quand sonne le manque
L'absence de toi de moi
Se sourire à la clémence
Et lire dans nos yeux
Ces fluettes fleurettes
S'émouvant en euphonie
Sans palissade, couchant
Leur attachement en
Horizon chatoyant.

Comprendre les silences
Des poésies courtes
Quand se finissent
Les rimes sombres
Un miroir en vapeur
Des émotions se perdant
Sur le reflet désemparé
Je cherche les parfums
Des amitiés illusionnées.

CHARME NOCTURNE

La nuit se glisse en mansuétude
Sur les ruelles opalines froides
Flânant dans le vent glacial
Qui murmure aux arbres
Ses dégrisements, ses fiels
Des feuilles corps, bigarrées
Déployées sur le trottoir
Dansant sous l'air des
Grisailles chansons et
Des funérailles de saisons
L'hiver s'offrant en intime
Hôte et compagnon féal
Le noir prenant vie sous
Les lueurs trimardant
Des phares des feux des bars
Et tonnent ! En ritournelle fracas
Les vieilles cloches de Notre- Dame
Mes yeux fascinés par
Le simulacre fuligineux
Traversant les ombres platinées
Des réverbères éveillés
Se perdent dans l'extase émoi
Et moi, je traverse la nuit
Je traverse l'ennui
Je converse sans bruit
Aux fantômes de minuit…

Et tout doucement je suis
Les pas des hommes
Grêlés sur les voies interdites
Volant au vent un peu de
Son amertume un peu de
Sa liberté, un peu de
Sa chasteté, soupirant en
Mélodie de déréliction et
Chancelant tel un merle noir
Perdu dans les méandres
Brumeux des espérances
Du temps qui passe s'efface
Laissant à ma vie comme
Déclaration ce charme nocturne.

LA VOIX DES SANS VOIX

Je suis la voix de l'exilé
Le glaive acéré qui transperce
Les politiques de déchéance
Les édits d'iniquité saumâtre
Je suis la voix des oubliés
Le maillet d'acier qui détruit
Les pouvoirs déloyaux
Les escamoteurs et aigrefins
Je suis la voix des damnés
La flamme qui embrase
Les despotes aux velléités noires
Les satrapes et pauvres altérés
Je suis la voix de la plèbe
Le cri révolté qui réclame
Aux hommes justice, égalité, amour !

LES CENDRES DE LA VIE

Les cendres du destin
S'écoulent sur les nids
D'écueils, de feuilles
Et l'onde cadencée blessée
Se brise en ramassis
Près des galets harassés
L'aube s'éveille en ode
Quand la vie en épode
Se meurt sans soleil radieux
Il n'y a plus de clarté
De diamant illuminant
Le ciel en diadème lustré
Les derniers reflets s'envolent
En rengaines amènes dans
Le vent chagrin pochardé

Et le parfum des ombres
Faisant corps à l'onde fuyante
Et les âmes orphelines
Furetant leur lumière
Se sont refermé tous
Les chemins des existences
Sur les percées émondées
Là, où s'en va la vie
Et s'en vient la mort.

EN ATTENDANT L'HEURE...

Nous étions deux
Sur les chemins dardés
La vie nous gueulant en rire
Sur les dérisions des humanités
Nous étions peu
Sur les sentiers de luttes
Les mains ensanglantées
Bravant les doutes et les peurs
Nous étions ceux
Qui ont porté les armes
Aux couleurs de fanion
Attendant le cri aguerri
De la révolte applaudit
Nous étions seuls
Contre le pouvoir souillé
A l'heure des gloires cornées
A l'heure des joies crépitées
Priant pour la mort du despote.

LES AMANTS D'AILLEURS

Par-delà les frontières
D'amour, des idoles
Des nuits aux aurores
Blancs immaculés
Les amants d'un autre monde
Naissant sous les brumes
Et brouillasses des saisons feutrées
Ou cloisonnent les utopiques
Douceurs idylliques
Près de toi…
Je voudrais m'échapper
En vol libre et voler
Au-dessus des rêves
D'envies de femmes
Des sèves de vie et flammes
En émoi de toi…
Tes mots sonnent comme
Des flammes éthérées
Sur ma peau de chair
Et ton amour épanché
Me délivrant des fastidieux
Effluves de lys

Ces fragrances blêmies
Par les amours chues
Aux désirs de duplicité
Rendons à l'amour sa dignité
Son panache, son éclat
Aux lisières de pudicité
A toi, je me destine
Je me sacre, je me vaque…
Éraflant les cieux qui
Ombragent les tranchées
De nos hasards errant
Pour toi, je m'enchaînerai
Aux cordelles des passions
Et exaltations illuminées
Suis-je ton autre…
Cet autre, lien de toi
Rien qu'à toi
À jamais coalescent
De notre amour opalescent

Mienne douceur
En chœur de cœur
En hymne d'affectivité
Couchant en harmonie
Ces escarbilles chapelles
Appelle- moi chérubin et
Laisse- toi mourir à moi
Près des éternités baisers
Comme ces amours ancrées.

LE CREPUSCULE DES IDOLES...

Ils ont peint sur nos visages
Le sang des crimes des offices
Et les larmes des infanticides
Coulant sur nos meurtrissures
Ils ont entaché les rites nôtre
Au profit de la surabondance
Et la misère de la plèbe moribonde
S'offrant à nos progénitures
Plus jamais de vie volée
Pour leur bonheur cloué
Plus jamais de sang coulé
Pour leur honneur écroué
Et les rêves d'enfants sacrifiés
Et nos émotions consternées
Ici l'avenir nous chante
En oraison et requiem
Des pas d'ombre marchant
Vers les derniers ossuaires
Entends les lamentations
Et les clameurs des horrifiés
La mort sur notre chemin
Dévoilant le glaive du despote
Mon pays s'en va vers les opacités
Mais qu'apparaisse la clarté
Qui nous affranchira
Du crépuscule des idoles...

LES CHEMINS CROISES...

Nous étions amis
Partageant les feux de destin
Nous étions ravis
Des fleurs de bruine
S'épanouissant sur
Les chemins construits
Nous aimions la vie
Les rivages perdus
Et les paysages infinis
Nous découvrîmes la misère
Comme les pleurs des blessures
Profondes sur les rondes douces
Et les sourires violés sur
Les visages condamnés
Nous étions debout
Sans armes apprêtées
Debout face aux cyclones
Et drames des évidences
Debout épuisés par les
Lames de l'existence
Lampant le sang de
Nos espoirs altérables

Nous étions unis
Sur les promesses des
Jours sans lendemains
Mais la vie s'effaçant
Le temps mourant près
Des dernières lueurs
Couchant blêmies quand
Chacun de nous prit
Le chemin qui était le sien…
Nous étions réunis
Sur la grande scène
Des retrouvailles
Racontant nos heurts
Et visions faussées
Les témoignages hochés
Nous réconciliant sur
Les tableaux opaques
De nos vies fauchées
Ces chemins que nous
Avions tant furetés
Sous les soleils usités
A jamais nous resterons
Unis près des éclats d'amitié.

SAISONS ENVOLEES

Les saisons ont flétri sur
Les souvenirs de nos vies
Mon beau passé perdu
Sur les coups de pilon
Des éphémérides pubertés
Que me reviennent les chants
Tristes des Pigeons psalmodiant
Les balades interdites des aimés
C'est bon beau passé qui pleure
Quand tambourinent les émotions
De souvenirs préservés
Un visage de péronnelle
Epanouit me séduisant
Toutes celles qui m'ont
Apporté le vent des charmes
Et ces passions envolées
Au bonheur éprouvé
Comme la vie est un
Long poème chagrin
Mêlant les ariettes, les fados
Les romances puériles
Les premiers baisers en
Blessure de timidité

Amour de saison perdu
Dans les tiroirs du temps
Avec toi je voudrais refaire
Les chemins écorchés
Sur ces ruelles nôtre
Déjà vieillies par les cendres
De vies qui s'en vont
Et s'en viennent quand
Retentit de nouveau l'horloge
Des amours outrepassées.

PERCEES ET CHIMERES

Où sont gravées nos années d'enfance
Où sont gardés les temps d'outrance
Nos rêves se sont faits prisonniers
Des filets de l'existence
C'est au passé que nous devons dire
Nos angoisses et désir d'effroi
Nos craintes et phobies d'émoi
Je marche sans le temps qui
Chemine dans les plans stellaires
Et ces bancs des existences
Où nous assoyions nos errances
Vaine vie, pleine de lie où
Se gardent nos vomis envies
Il me reste encore plusieurs marches
Vers l'infini cycle mais j'avance
Contre les croyances des choses
Contre la persévérance des idées
Contre la méfiance des hommes
Je danse près des vérités peuplées
Près des héritiers esseulés
Mais je souffre d'être cet existant
Ce voyageur téméraire
Sans rien sans lien sans fin
Réfutant le monde et
Condamnant les hommes

Et la loi, la foi
La joie, la croix
Qui n'est pas nôtre
Inscrite sur notre voie
Il n'y a que la mort
Qui appréhende
Le silence de la vie mais
Vers cette traversée lumineuse
Verrais-je l'écume des évocations
Et l'effluve des impressions…

AU BOUT DES RESISTANCES

Un jour tout va
Demain s'en va
Sous les airs frisquets
Sous les signes prédits
Et la vie fulminant
Les cieux s'ouvrant
Est-ce le mal qui vient
Ou les anges dépêchés
Triste est mon sourire
Belles sont mes envies
Face à tout l'effroi
Comme cette lutte
Où tout se perd en moi
Un jour viendra
Demain s'en ira
Touchant les fleurs
Et le mal des pleurs
Couchant les lueurs
Et la rage des cœurs
Et les hommes bornés
Sur les sentiers leurrés
Cherchant la lumière
Des frontières murées
Quand soufflent les vents
A l'ouest des espérances

Un jour tout va
Demain s'en va
La mort expectorant
Sur nos lendemains
Les rêves s'effaçant
En oblong destin vain
Qu'avons- nous gagné
Au bout des résistances
La haine de nos frères
L'alacrité d'être fiers
La foi de nos prières
La clarté des rivières
L'équité est de l'autre côté
Mais pour y parvenir
Il faut donner de sa vie
Un jour viendra
Demain s'en ira…
Touchant les fleurs
Et le mal des pleurs
Couchant les lueurs
Et la rage des cœurs.

DERNIER SOUPIR...

Il me tarde de partir
Le monde pue
Le monde tue
Le monde est nu
Et moi je ne vis plus
Il me tarde de partir
Vomir ma peine
Courir sans chaine
Dormir sans haine
Honnir la race humaine
Tout brûle
Tout hurle
La mort hulule
Les cadavres pullulent
Sur les tombes de cendres
La voilà ta vie voilée
La mienne déjà s'en est allée...

ANCREE EN MOI...

Une musique lointaine.
S'en va les derniers songes
Et les alacrités vouées
Une envie mondaine.
S'oublient les récents
Baisers aux corps noués
Les blessures des vents
Se cicatrisent dans le temps
Les couleurs de la vie
Se ternissent après
Les douleurs de cœurs
C'est la rengaine
Des amours du soir
C'est la mélancolie
Des parfums écoulés
S'ouvrent les rideaux
Des regrets époussetés
Quand se referment
Les portes des aspirations

Te souviendras- tu de moi
Quand flétriront tes yeux
Et si nos rêves étaient à refaire
De nos silences éprouvés
Lequel emporteras-tu ?
Une relique incertaine.
S'en va les jours épointés
Une vie sans amour fontaine.
S'emplissent les chagrins
Et les roseaux décatis.

L'AQUILON DES BRASIERS

Envolés les visages
Des remords fourbes
Quand les destins
Nous cèlent la lumière
Des petits bonheurs
Ces belles douceurs saisonnées
Quêtant les parfums fumigés
Des souvenirs de ces instants
De ces moments de partage
D'âge, cycle de page
Ces paysages vieillis
Dans nos vies idoines
Encore présents
Dans nos rires ivoirins
Encore galants
Nous soupirant
Les petits délices
Ces charmes à jamais péris
Ces brandons haletés
Nous réconciliant
Sous les vents évocateurs
Sous les silences
Des nuits bucoliques
Réchauffant nos amours
Des années damnées

Ô mon onctuosité !
C'est vers les étoiles
Au soir carillonné que
Je convoque les ruisselets
Des sensations subulées
Pour oublier le temps
Des faix existentiels
C'est ici que nous vivoterons
Ici, près des derniers feux d'or
Ici, où la vie nous a été donnée
Voilà que j'entends chanter
L'aquilon des brasiers
Sans l'effluve des idylles étiolées.

ECLAT DE VIE.

Ce matin le soleil s'est levé
M'apportant l'éclat des oubliés
Une impression d'amertume
Comme une image de morne jour
La lumière m'éclaboussant
De ses clameurs de souvenances
La vie me rappelant son fatum
Et le jour s'épanouissant en rengaine
D'hymne d'oiseaux ressuscités
Ce matin le soleil s'est levé
Et les échancrures des cœurs alarmés
Se sont apaisé au frimas du vent
Qu'avons- nous construit à détruire
Et l'existence nous interrogeant
Sans cesse en signe de temps
Ces heures tambourinées
Nous invitant ardemment
A chercher le rêvé
A trouver le proclamé
 Et à fuir l'inopiné…

Ce matin le soleil s'est levé
Avec moi en sentiments dorés
Et sur les brasures de pensées
Peignant son visage chamarré
Au firmament flamboyé
J'ai tendu mes mains ointes
Implorant à la sainte clarté
De consoler mes blêmes émois
Ce matin le soleil s'est levé
M'apportant les pulsations
Les souffles des joies inespérées
Mes desseins en lanterne de foi
Augurant mes destinées chancelées
Au bout s'étend le chemin
Le regard toisé sans douter de rien
Ecoutant les réverbérations intimes
Et quand se couchera mon soleil
Je m'apaiserai près de la nuit de son éclat.

LOIN DE TOI...

Mes rêves me parlent de toi
De ces baisers énamourés
Aux effluves écachés
Ces années en lambeaux
Taisant mes remords
A mes sentiments fripés
C'est à tes yeux gracieux
Que je voudrais me retourner
Retrouver la sensation nôtre
Aux fredonnements des envies
Et ces prunelles mâtinées
Mes mains sur ta peau moirée
Tes seins lichés à l'aurore mirée
Comme étrange est la vie
Eloignant nos cœurs ravis
Si loin de toi l'âme saumâtre
Me sommant de t'avouer
Les clauses encloses de
Ces puériles inclinations

Si près des étoiles pantelées
Je recouvre tes émotions gardées
Tes lèvres portant la douceur
Frêles des typhas du midi
Ta bouche lyrique
Affriolant mes convoitises
Ô gaieté perdue !
Ravivant mes frénésies
Ma tendre amie, ma divine
Belle donzelle mon caldarium
Pardonne à mes choix
Car à ton cœur j'ai menti
Et au mien je l'ai trahi…

LE MESSAGER.

Toi qui portes le rêve de ton pays
Sur les promesses feintes vieillies
Attendant depuis des années honnies
Que se lève le gonfalon des débonnaires

Toi qui portes le courage de ton pays
Sur les béotiens portraits bannis
Soufflant en douleur d'escarre
La nausée d'une jeunesse sans repère

Toi qui portes l'essor de ton pays
Sur les marches du devoir failli
Accablant le peuple impavide trahi
Qui sombre dans les litanies lunaires

Toi qui portes l'histoire de ton pays
Sur les mémorables épopées bénies
Contant le folklore au rythme de cithare
Mon patrimoine sans aube visionnaire

Toi qui portes l'espoir de ton pays
Sur les chemins des destinées suivies
Apportant l'équité à la terre désunie
Sois le tam-tam au son révolutionnaire.

PASSAGE.

En attendant les vents
Je boiserai les mains nues
Sur les breuils outragés
Invoquant les génies telluriens
A l'heure où s'éteint la vie
Et la poussière des saisons
S'envolant dans l'air des ans
Du sang des innocents
Sur les torrents levant
Et le temps fuyant
Nous exhortant à courir
Vers nos voies calfeutrées
A mourir vers nos joies ouatées
Ici, nous étions expirants
Traînassés dans le chaos
Des âmes damnées et fardeaux
Cherchant en chaland
Les destins sans matins
Les croyances sans rituels
Après les derniers orémus
Ont survécu les chantres
Et sur les sépulcres profanés
Des restes d'ossature de notre vie.